B. FRANKLIN

1ᵉ SÉRIE IN-8°,

479
8›

BENJAMIN FRANKLIN.

BENJAMIN FRANKLIN

LA SCIENCE

DU

BONHOMME RICHARD

ET

CONSEILS POUR FAIRE FORTUNE

AVEC

Une Notice sur l'Auteur, et Introduction et Notes
à cette édition.

LIMOGES

EUGÈNE ARDANT ET Cie, ÉDITEURS.

Propriété des Éditeurs.

INTRODUCTION.

Nous devons à quelques-uns de nos lecteurs, surtout à la jeunesse, un mot sur notre publication de ce volume.

Peu, bien peu d'ouvrages, ont obtenu et conservent un renom pareil à celui de la *Science du bonhomme Richard*. Dès son apparition, répandu partout en Amérique, il a bientôt été traduit dans presque toutes les langues, par milliers d'exemplaires; la France en particulier l'a chaque année propagé dans les moindres hameaux.

Nous n'avons point ici à chercher la cause principale de cette popularité sans égale, dans le rôle politique et religieux du *plus grand citoyen des deux Mondes*, et dans l'appui que trouvaient en lui les encyclopédistes, et avec eux les Mirabeau, les Gibbon, les Lafayette, pour le triomphe de leurs doctrines anti-chrétiennes et de leurs subversives utopies sociales.

Nous ne considérons que ces pages en elles-mêmes, et nous disons :

La philosophie du célèbre Américain ne voit que la terre ; les biens d'ici-bas forment son horizon. Sans doute, ses conseils au peuple sur la prévoyance, le travail, la fuite des excès, **etc.**, constituent en partie l'*art de faire fortune* et d'acquérir des sortes de *vertus ;* sans doute, celui qui arrangerait sa vie selon sa très prudente et très détaillée méthode, ne s'en trouverait pas plus mal. Mais toute cette science est bornée; ces procédés matériels sont secs, vagues et incomplets. Et c'est là l'énorme et triste lacune qui doit être, surtout de nos jours, signalée au moins succinctement, tant il y a de préjugés et de préventions même chez des hommes qui se disent religieux !

Que vaut, en effet, cette morale *utilitaire*, cette conduite de la vie réglée comme un journal de marchand, par *doit* et *avoir*. Et si l'homme préfère la satisfaction de ses passions à un profit pécuniaire ou honorifique ; s'il trouve que l'avarice lui est plus avantageuse ; que telle ou telle compagnie vicieuse va mieux à ses vues, à ses goûts, etc., etc., quelle influence ces sages conseils seront-ils capables d'exercer sur lui ?

Remarquons-le bien. Quoique philosophe spiritualiste, quoique croyant à la Providence et aux autres grandes vérités de la religion naturelle, Franklin s'est claquemuré malgré lui ou à dessein dans un indéfinissable déisme, il a mis de côté le dogme, source éternelle, aliment nécessaire de la véritable morale. En plein christianisme, dix-huit siècles après la venue du Dieu qui a changé la face du monde, il a parlé de l'homme comme l'ont fait les sages de la Grèce et de Rome païennes. Et alors, abandonnant son lecteur à ses propres inspirations, lui laissant *penser* de notre destinée ce qu'il voudra, il le laisse libre de *faire* aussi ce qu'il voudra. Or, ce que peut produire cette *morale indépendante*, les tristes faits dont nous avons été et dont nous sommes témoins, ne le démontrent qu'avec trop d'évidence à nos sociétés tremblantes et bouleversées.

Par conséquent, en faisant une part très large aux mérites des écrits de Franklin, et en en offrant l'étude, nous voulons que le lecteur corrige ce qui y est, et ajoute ce qui ne s'y trouve point ; qu'il remarque le *minimum* de cette honnêteté médiocre et banale, spécifiée par diverses formules juxta-posées, c'est-à-dire sans liaison entre elles.

Nous voulons que, se rappelant les preuves de la divinité du catholicisme, il puise dans ce qu'il nous enseigne sur l'autorité de nos pages sacrées, sur la vie et la mort de notre Sauveur, sur la nécessité de la grâce, de la prière, des sacrements, etc., etc., un aiguillon autrement puissant pour le bien, et un frein autrement inflexible contre le mal, qu'une opération d'arithmétique quelle qu'elle soit.

Oui, la raison, le simple bon sens nous crient : « Le désordre et l'inconduite sont de mauvaises *spéculations;* » mais l'Eglise, organe infaillible de Celui qui a dit : *Soyez mes imitateurs... Suivez-moi sur le Calvaire... Je suis la Voie, la Vérité et la Vie... Cherchez d'abord mon royaume, et le reste vous viendra par surcroît;* mais l'Eglise, nous indiquant d'une manière précise et nous prodiguant les moyens de connaître, de détester et de combattre le vice, élève nos intelligences et nos cœurs bien au-dessus de ces habiles *spéculations* terrestres, de ces valeurs en écus et en dignités, dont la philanthropie nous a garanti le douteux escompte. « Une des mécaniques de Franklin caractérise admirablement son génie et son système, a dit un écrivain son admirateur cependant, et un peu son disciple : c'est un vase d'airain dans lequel on allume un brasier, dont la flamme se retourne vers le sol. Ainsi a-t-il repoussé vers la terre la flamme de l'âme humaine que Vincent de Paul fait toujours remonter à Dieu et dirige vers le ciel. »

Vincent de Paul ! Franklin ! ces deux noms rapprochés distinguent essentiellement la double théorie de la vertu. C'est en comparant ces deux illustrations que le lecteur comprendra la justesse de notre appréciation de la *Science du bonhomme Richard,* malgré nos critiques et la largeur de nos réserves.

S'il n'est qu'utile que tous connaissent les pages de Franklin, il est nécessaire qu'ils sachent en quoi elles sont défectueuses ! En en suivant l'enseignement, on pourra devenir artisan de vertu, commerçant de probité, docteur habile à combiner et acquérir à doses précises l'honnêteté et la justice, mais jamais on ne puisera dans ce prix de *revient* la sublime abnégation du soldat, du prêtre, de l'artiste, du professeur, du martyr ; jamais, comme dit un économiste distingué, on n'y trouvera « le rayon qui brille au front des Christophe Colomb, des Las-Casas, des François Xavier, des Vincent de Paul, des Fénelon, des Catinat, des chevalier d'Assas, des Desaix, des Larochejaquelin ; jamais le sentiment de la vraie grandeur, de l'enthousiasme, de l'honneur chevaleresque, de la tendresse, du dévouement, de la charité, l'éclair des inspirations supérieures, la flamme du sacrifice et de la poésie, en un mot le souffle divin. »

Quelques notes de notre part compléteront ces justes et indispensables observations préliminaires.

PAUL JOUHANNEAUD.

NOTICE

SUR BENJAMIN FRANKLIN.

Franklin naquit à Boston, le 17 janvier 1706. Il mourut à Philadelphie, le 17 avril 1790, dans sa 85ᵉ année.

De simple proto d'imprimerie, il parvint à se faire un nom distingué parmi les savants et parmi les politiques. Son père, qui avait reçu le jour en Angleterre, et qui était frabricant de savon et de chandelles à Boston, l'envoya à l'âge de huit ans dans une école, puis l'en retira deux ans après, pour lui faire embrasser sa profession. A douze ans le jeune Franklin fut mis en apprentissage chez son frère James, qui était imprimeur, et y fit de grands progrès. Il travaillait avec assiduité, lisait beaucoup et méditait encore plus. Dès 1721, James fit paraître le *Journal de la Nouvelle-Angleterre* c'était la 3ᵉ feuille périodique qui paraissait en Amérique : Franklin y mit quelques articles qui furent accueillis favorablement, et ce succès le décida à continuer ses travaux littéraires. Il se proposa d'imiter le *Spectateur* d'Addison, et fit pour y arriver des épreuves de tout genre. En même temps il lisait les poètes, les philosophes, les théologiens : cependant il quitta Boston et alla à New-York, puis à Philadelphie, où il entra dans l'imprimerie de M. Keimer. Engagé à établir une imprimerie par W. Keit, gouverneur, qui lui promettait l'appui du ministère, il vint en Angleterre pour acheter le matériel nécessaire à cette entreprise, ne trouva pas le gouvernement favorable à son projet, et fut quelque temps sans ressource (1724). Devenu ouvrier imprimeur, il économisa sur sa nourriture de quoi faire paraître sa *Dissertation* sur la *liberté* et sur la *nécessité*, où il prétendit que la vertu et le vice ne sont que de vaines distinctions. De retour à Philadelphie, il fut prote chez M. Keimer, et se rendit utile à son établissement. Il chercha ensuite à sortir de la gêne qu'il éprouvait par quelques essais de commerce, et par la publication d'un journal qui eut quelque vogue, et fonda une société philosophique et une bibliothèque : il commença aussi son *Almanach du bonhomme Richard,* qu'il continua pendant 25 ans, et qu'il remplit de maximes de frugalité et de leçons d'industrie : il en vendait jusqu'à 10,000 exemplaires par an. Nommé en 1736 secrétaire de l'assemblée générale de Pensylvanie, et en 1737 maître de poste, il créa une compagnie d'assurance contre l'incendie, une troupe de pompiers, une société pour la défense de la province. Franklin fit partie de l'assemblée de Pensylvanie, et prit part à toutes les querelles entre le gouvernement et les habitants. En même temps il s'appliqua beaucoup à varier les phénomènes de l'électricité, et à les faire servir à une théorie qui donnât une idée juste de ce

fluide si subtil et si merveilleux. Quoique toutes ses idées n'aient pas joui de l'approbation des savants, on ne peut nier qu'il n'ait répandu des lumières sur cet objet, et que plusieurs de ses conjectures ne soient appuyées de l'expérience. Son projet d'apaiser les tempêtes de la mer avec de l'huile et des matières graisseuses est aujourd'hui reconnu pour une illusion complète. (Voyez le *Journ. histor. et littér.*, 1ᵉʳ juillet 1782, p. 337, et autres cités, *ibid.*) On sait qu'il a beaucoup travaillé à l'indépendance des colonies anglaises en Amérique, et c'est à ce titre que l'Assemblée nationale de France a décerné un deuil de trois jours pour honorer sa mémoire. Cependant la guerre dans laquelle il entraîna la France a fait un mal infini à ce beau royaume, et l'on peut dire qu'elle a mis le comble au désordre de ses finances. « On nous fit entreprendre, dit un
» écrivain de cette nation, contre toutes
» les règles de la vraie politique autant
» que de la justice, une guerre effroyable-
» ment dispendieuse; guerre aussi folle-

» ment conduite que légèrement engagée ;
» guerre où la nation fut réduite à se re-
» garder comme triomphante quand elle
» n'avait pas été battue, et elle n'eut pas
» toujours cette étrange gloire : guerre qui,
» en ôtant à nos rivaux des domaines im-
» menses en étendue, où leurs forces et
» leur commerce s'extravaçaient avec plus
» de faste que d'utilité réelle pour eux,
» leur en a rendu bien plus que l'équiva-
» lent, puisqu'une paix plus humiliante
» qu'avantageuse pour nous a été suivie
» d'un traité de commerce désastreux,
» extravagant dans plusieurs de ses dis-
» positions, ruineux dans toutes, et dont
» on croirait que l'objet a été d'indemniser
» l'Angleterre des pertes qu'elle avait
» faites en Amérique, de lui assurer en
» Europe, sur la France, les tributs qu'elle
» ne pouvait plus retirer dans l'autre con-
» tinent. » Du reste, c'est peut-être ce
point de vue-là même, qui a rendu cher
le nom de Franklin a l'Assemblée nationale, puisque, sous ce rapport, elle lui
doit son existence. Cet homme célèbre,

étant encore imprimeur, s'était fait une épitaphe singulière, où l'on voit qu'à cette date il croyait à la résurrection un peu plus fermement que lorsqu'il demanda la bénédiction de Voltaire pour son fils (*Voy. le Journal hist. et litt.*, 25 mars 1778, page 465). Mais il paraît qu'a la fin il était revenu à cette croyance, puisqu'il voulut que l'épitaphe fût mise sur son tombeau. La voici, traduite littéralement par M. Bertin :

> Le corps
> de Benjamin Franklin, imprimeur,
> (comme la couverture d'un vieux livre
> dont le dedans est arraché
> et qui n'a plus ni reliure ni dorure)
> sert ici de pâture aux vers :
> mais l'ouvrage en lui-même ne sera pas perdu,
> car il reparaîtra un jour,
> (ainsi qu'il l'a toujours pensé)
> dans une nouvelle et plus belle édition,
> revue et corrigée
> par l'auteur.

Les *œuvres* de Franklin ont été réunies en 3 vol. in 8°, Londres, 1805, en anglais. Barbeu du Bourg a publié une traduction française de la partie physique, Paris, 1773,

2 vol. in-4°. Son éloge a été écrit par Condorcet. On peut consulter les *mémoires de sa vie privée* qu'il a rédigés lui-même, et adressés à son fils : ils ont été traduits en français par M. Guinguené, Paris, 1791, in-8°. Sa *correspondance choisie* a été publiée et traduite en français par M. de la Mardelle, Paris, 1818, 2 vol. in-8°. Turgot fit sur Franklin le vers suivant :

Eripuit cœlo fulmen sceptrumque tyrannis.

(Biographie universelle de Feller.)

LA SCIENCE DU BONHOMME RICHARD

ou

LE CHEMIN DE LA FORTUNE.

Avant-Propos de Franklin.

Franklin, dans ses mémoires, nous apprend comment fut composé cet écrit :

« *Je commençai, en 1732, dit-il, à publier mon Almanach, sous le nom de Richard Saunders. Je le continuai pendant environ vingt-cinq ans et on l'appelait communément l'Almanach du bonhomme Richard. Je m'efforçais de le rendre amusant et utile; aussi obtint-il un tel débit que j'en retirai un profit considérable : j'en vendais près de dix mille exemplaires tous les ans. Voyant qu'il était généralement lu et répandu dans toutes les parties de la province, je le considérai comme un véhicule très propre à la propagation de l'instruction parmi le peuple, qui achetait rarement d'autres livres. Je remplis donc tous les petits espaces, qui se trouvaient entre les jours remarquables du calendrier, par des sentences proverbiales, choisissant celles qui étaient propres à inspirer l'amour du travail et de l'économie, comme le moyen d'arriver à la fortune, et, par conséquent, d'affermir la vertu, car il est difficile à un homme dans le besoin de vivre toujours honnêtement, et, pour me servir ici d'un de ces proverbes,* il est difficile qu'un sac vide tienne debout. *Je réunis ces proverbes qui contenaient la sagesse des siècles et des nations, et j'en formai un discours suivi que je mis en en tête de l'Almanach de 1757, comme la harangue adressée par un sage vieillard à des gens qui assistaient à une vente. La réunion, en un seul foyer, de tous ces préceptes épars, les mit en état de produire une plus forte impression. Ce morceau, ayant été universellement approuvé, fut copié dans tous les journaux du continent américain et imprimé en Angleterre, sur grand papier, en forme d'affiche : on en fit deux traductions en France* (1). »

(1) Extrait des *Mémoires de Franklin.*

LA SCIENCE DU BONHOMME RICHARD

I

Coût de la paresse et valeur du temps.

Ami lecteur,

J'ai ouï dire que rien ne fait tant de plaisir à un auteur que de voir ses ouvrages cités par d'autres avec respect. Juge d'après cela combien je dois être content de l'aventure que je vais te raconter.

J'arrêtai dernièrement mon cheval dans un endroit où il y avait beaucoup de monde rassemblé pour une vente à l'enchère. L'heure n'étant pas encore venue, l'on causait de la dureté du temps. Quelqu'un, s'adressant à un bon vieillard à cheveux blancs et assez bien mis, lui dit :

— « Et vous, père Abraham, que pensez-vous de ce temps-ci? Ces lourds impôts ne vont-ils pas tout-à-fait ruiner le pays? Comment ferons-nous pour les payer? Que nous conseillez-vous ? »

Le père Abraham attendit un instant, puis répondit :

— « Si vous voulez avoir mon avis, je vais vous le donner en peu de mots; car *un mot suffit au sage,* comme dit le bonhomme Richard. »

Chacun le priant de s'expliquer, l'on fit cercle autour de lui et il poursuivit en ces termes :

« Mes amis, les impôts sont en vérité très lourds, et pourtant, si ceux du gouvernement étaient les seuls à payer, nous pourrions encore nous tirer d'affaire ; mais il y en a bien d'autres, et de bien plus onéreux pour quelques-uns de nous. Nous sommes cotés pour le double au moins par notre paresse, pour le triple par notre orgueil, pour le quadruple par notre étourderie, et pour ces impôts-là le percepteur ne peut nous obtenir ni diminution ni délai; cependant tout n'est pas désespéré, si nous sommes gens à suivre un bon conseil : *Aide-toi, le ciel t'aidera,* dit le bonhomme Richard.

» On regarderait comme un gouvernement insupportable celui qui exigerait de ses sujets la dixième partie de leur temps pour son service; mais la paresse est bien plus exigeante chez la plupart d'entre nous. L'oisiveté, qui amène les maladies, raccourcit de beaucoup la vie. *L'oisiveté, comme la rouille, use plus que le travail; la clef est claire tant que l'on s'en sert,* dit le bonhomme Richard. *Vous aimez la vie,* dit-il encore : *ne perdez donc pas de temps; car c'est l'étoffe dont la vie est faite.* Combien de temps ne donnons-nous pas au sommeil au-delà du nécessaire, oubliant que *renard qui dort ne prend pas de poules,* et que *nous aurons le temps de dormir dans la bière,* comme dit le bonhomme Richard.

» Si le temps est le plus précieux des biens, *la perte du temps,* comme dit le bonhomme Richard, *doit être la plus grande des prodigalités.* Il nous dit ailleurs : *Le temps perdu ne se retrouve plus; assez de temps est toujours trop court.* Ainsi donc, au travail, et pour cause ! de l'activité ! et nous ferons davantage avec moins de peine. *L'oisiveté rend tout difficile; le travail rend tout aisé. Celui qui se lève tard traîne tout le jour, et commence à peine son ouvrage à la nuit. Fainéantise va si lentement que pauvreté l'atteint tout de suite. Pousse les affaires, et qu'elles ne te poussent pas. Se coucher tôt, se lever tôt, donnent santé, richesse et sagesse,* comme dit le bonhomme Richard (1). »

(1) Demandez-vous dès à présent si, pour être excellents, ces conseils, ces maximes proverbiales ont et peuvent avoir la force que donne la foi dans les divines bénédictions promises au *serviteur fidèle et laborieux*, ou dans les anathèmes prononcés contre la *paresse* et la *perte* du *temps*. Le *temps* est le vestibule de l'*éternité*, disent les Saints, et voyez dans leurs actes ce que vaut la méditation de ces simples mots. (*Note des Éditeurs.*)

II

Le travail et l'activité préservent de la pauvreté et des soucis. — Ils engendrent l'aisance, le plaisir et la considération. — Il ne faut pas remettre au lendemain.

« A quoi bon souhaiter et attendre des temps meilleurs ? En nous évertuant, nous pouvons rendre le temps meilleur. *Travail n'a que faire de souhaits. Qui vit d'espoir, mourra de faim. Il n'y a point de profit sans peine ;* ainsi donc, à l'aide, mes mains, puisque je n'ai point de biens, ou, si j'en ai, ils sont finement taxés. *Qui a un métier a une terre. Qui a un talent a une fonction qui donne honneur et profit,* comme dit le bonhomme Richard. Mais il faut travailler de son métier, et faire valoir son talent, sans quoi ni la terre ni la fonction ne nous aideront à payer nos taxes.

» *Si nous sommes laborieux, nous ne mourrons jamais de faim. La faim regarde à la porte de l'ouvrier, mais elle n'ose pas entrer :* huissiers et sergents n'y entreront pas davantage, *car le travail paie les dettes, tandis que le désespoir les augmente.* Vous n'avez besoin ni de trouver un trésor ni d'hériter d'un riche parent. *Laboure à fond, tandis que dorment les fainéants, et tu auras du blé à vendre et à garder. Travaillez aujourd'hui, car vous ne savez pas combien vous pouvez en être empêché demain. Un bon aujourd'hui vaut deux demain,* dit le bonhomme Richard, et il ajoute : *Ne remets jamais à demain ce que tu peux faire aujourd'hui.*

» Si vous étiez au service d'un bon maître, ne seriez-vous pas honteux qu'il vous surprît les bras croisés ? N'êtes-vous pas votre propre maître (1) ? Rougissez donc de vous surprendre les bras croisés, quand il y a tant à faire pour vous-même,

(1) Il semblerait que, livré à ses propres forces, étant *son propre maître,* l'homme peut pratiquer toute vertu, éviter toute faute. Cela est très faux, c'est l'hérésie pélagienne répétée par les libres-penseurs de toutes les époques. *Sans moi, vous ne pouvez rien faire,* dit le divin Libé-

pour votre famille, pour votre pays et pour votre roi. *Pour manier vos outils, ne prenez point de mitaines ;* souvenez-vous que *chat ganté n'attrape pas de souris*, comme dit le bonhomme Richard. Il est vrai qu'il y a beaucoup à faire, et peut-être n'avez-vous pas les bras forts. Mais *allez ferme et vous verrez des merveilles. Goutte à goutte l'eau use la pierre ;* et *avec du travail et de la patience une souris coupe un câble ;* et *à force de petits coups on abat les grands chênes.*

» Il me semble que j'entends quelqu'un qui dit : « Il faut bien se donner un peu de loisir. » Mon ami, je répondrai ce que dit le bonhomme Richard : *Si tu veux gagner du loisir, emploie bien ton temps,* et, *puisque tu n'es pas sûr d'une minute, ne perds pas une heure. Le loisir est du temps pour faire quelque chose d'utile ;* ce loisir,

rateur. Pour obtenir les victoires du temps et de l'éternité, il faut donc à l'homme la grâce qui le prévient, qui le dirige, qui l'assiste ; et cette grâce, avec une humilité profonde doit être demandée incessamment à Celui qui l'a promise. *(Note des Éditeurs.)*

l'homme actif le trouvera, le fainéant jamais ; car *une vie de loisir et une vie de fainéantise sont deux.* Bien des gens voudraient vivre sans travail et sur leur caput seulement. Mais, faute de capital, ils font banqueroute, tandis que *le travail donne bien-être, abondance et considération. Fuis les plaisirs, ils te suivront. Bonne fileuse ne manque jamais de chemise. Depuis que j'ai une brebis et une vache dans ma cour, chacun me souhaite le bonjour.*

III

La persévérance et les soins produisent les mêmes résultats. — Il faut faire ses affaires soi-même.

» Mais *il ne suffit pas de travailler, il faut encore être persévérant, sédentaire et soigneux ; il faut surveiller nos affaires avec nos propres yeux, et ne pas trop nous en fier à autrui,* car, comme dit le bonhomme Richard, *arbre qu'on transplante, famille qui déménage, tournent moins bien que ceux qui restent en place.* Et encore : *Trois déménagements valent un incendie.* Et encore : *Garde ta boutique, ta boutique te gardera.* Et encore : *Si tu veux que tes affaires se fassent, vas y toi même ; si tu veux qu'elles ne se fassent pas, envoies-y quelqu'un.* Et encore : *Qui par la charrue veut s'enrichir, doit la tenir ou la conduire.* Et encore : *L'œil du maître fait plus de besogne que ses deux mains.* Et encore : *Faute de soins fait plus de tort que faute de savoir.* Et encore : *Ne pas surveiller tes ouvriers, c'est laisser ta bourse ouverte. Trop compter sur la vigilance d'autrui a ruiné bien des gens : car, dans les affaires de ce bas monde, ce n'est pas la foi qui sauve, mais la défiance* (1). Mais le soin

(1) Par son plus infime côté, Franklin considère la vertu, si vertu il y a. Prise dans son sens strict, cette maxime malheureusement trop pratiquée n'est-elle pas détestable? Dites par exemple à quelqu'un : « Ne tenez pas compte de l'ingratitude .. Exposez-vous à être trompé plutôt que de tromper vous-même Montrez-vous clément, généreux quand même, laissant

qu'on prend soi-même est toujours profitable, car, *si tu veux avoir un serviteur fidèle et qui te plaise, sers-toi toi-même. Petite négligence peut enfanter un grand mal. Faute d'un clou le fer est perdu, faute d'un fer le cheval est perdu, et faute d'un cheval le cavalier lui-même est perdu, l'ennemi l'attrape et le tue ; et tout cela faute d'avoir eu un peu de soin pour un clou de fer à cheval.*

IV

La tempérance et l'économie produisent les mêmes résultats. — Ce que coûte un vice.

» Mes amis, en voilà assez sur le travail et sur l'attention que chacun doit

à Dieu le salaire du bien que vous ferez et la vengeance du mal qui vous sera fait ! » Est-ce que cet homme qui, selon vous, ne sera *sauvé que par la défiance*, consultera ces nobles sentiments presque instinctifs chez le vrai chrétien ? La *défiance* dans ce bas monde n'y est-elle pas la mort de la charité et souvent de la justice même ? (*Note des Éditeurs.*)

donner à ses affaires; mais, si nous voulons être sûrs du succès de notre travail, il faut y ajouter l'économie.

» *Qui ne sait pas épargner, à mesure qu'il gagne, mourra sans laisser un sou, après avoir eu toute la vie le nez collé sur sa meule.* De grasse cuisine sort maigre testament, dit le bonhomme Richard. Depuis que, pour la table à thé, les femmes ont oublié la quenouille et le tricot, depuis que, pour le punch, les hommes ont oublié la hache et le marteau, les fortunes se dissipent à mesure qu'on les gagne. Les Indes n'ont pas enrichi l'Espagne, parce que ses dépenses sont plus grandes que ses revenus.

»·Chassez-moi ces folies dispendieuses et vous aurez moins à vous plaindre que les temps sont durs, les impôts lourds, le ménage coûteux : *Luxure, vin, jeu, plaisirs, font la richesse petite et les besoins grands.* Et encore : *Avec ce que coûte un vice on élèverait deux enfants* Un peu de thé, un peu de punch de temps en temps, une table un peu mieux servie, des habits un peu plus fins, une petite partie de plaisir, qu'est-ce que cela, pensez-vous ? Mais rappelez-vous qu'*un peu, souvent répété, fait beaucoup.* Prenez garde aux menues dépenses. *Petite voie d'eau fait couler grand vaisseau,* comme dit le bonhomme Richard. Et encore : *Qui aime les bons morceaux deviendra mendiant.* Et encore : *Les fous donnent les repas, et les sages les mangent.*

V

Danger du bon marché. — Le prix de l'argent.

» Vous voilà tous réunis pour cette vente de curiosités et de bagatelles. Vous appelez cela des *biens,* mais, si vous n'y prenez garde, ce seront des *maux* pour quelques-uns d'entre vous. Vous comptez que tout cela sera vendu bon marché et peut-être au-dessous du prix coûtant ; mais, si vous n'en avez pas besoin, cela vous coûtera cher. Rappelez-vous ce que dit le bonhomme Richard : *Achète ce dont* tu n'as pas besoin, tu vendras bientôt ce qui t'est nécessaire. Et encore : *A grand bon marché, réfléchis avant d'acheter.* Il veut dire que peut-être le bon marché n'est qu'apparent, ou qu'en vous gênant dans vos affaires il vous fera plus de mal que de bien. Car, dans un autre endroit, il dit : *Bon marché a ruiné bien des gens ;* et encore : *C'est folie de dépenser son argent pour acheter un repentir.* Cependant cette folie se fait tous les jours dans les ventes aux enchères, faute de se souvenir de l'*Almanach du bonhomme Richard*. Pour le plaisir d'avoir sur le dos un bel habit, combien de gens ne vont-ils pas le ventre vide, laissant mourir de faim leur famille. *Soie et satin, velours, hermine, éteignent le feu de la cuisine,* comme dit le bonhomme Richard.

» Ce ne sont pas là des nécessités de la vie ; à peine peut-on dire que ce sont des agréments ; et cependant, parce que cela brille, combien de gens en ont-ils envie ? Par ces extravagances et d'autres pareilles, les gens de bon ton sont réduits à la pauvreté, et forcés d'emprunter de ceux qu'ils dédaignaient naguère, mais qui, à force de travail et d'économie, ont su se maintenir. C'est ce qui prouve clairement que *manant debout est plus grand que gentilhomme à genoux*, comme dit le bonhomme Richard.

» Peut-être que ces Messieurs avaient hérité d'une petite fortune, sans savoir comment on la gagne. Ils disaient en eux-mêmes : *Il fait jour, il ne fera jamais nuit.* Sur une fortune comme la mienne, cette petite dépense n'est rien. Mais, *à force de prendre dans la huche, sans y rien mettre, on en trouve bientôt le fond,* comme dit le bonhomme Richard. *Quand le puits est à sec, on connaît le prix de l'eau.* S'ils avaient écouté l'avis du bonhomme, ce prix, ils l'auraient su plus tôt. *Veux-tu savoir le prix de l'argent, essaie d'en emprunter; qui cherche un prêteur, cherche un crève-cœur,* comme dit le bonhomme Richard. Autant en arrive à celui qui prête à de pareilles gens, quand il veut ravoir son argent.

VI

Désastreux effets de l'orgueil, de la paresse et des folles dépenses.

» Ce n'est pas le dernier conseil du bonhomme Richard ; il dit encore : *L'orgueil de la parure est une malédiction ; avant de consulter la fantaisie, consulte ta bourse.* Et encore : *L'orgueil est un mendiant qui crie aussi haut que le besoin, et qui est bien plus insatiable.* Quand vous avez acheté une jolie chose, il vous en faut acheter dix autres, pour que rien ne jure. Mais, dit le bonhomme Richard, *il est plus aisé d'étouffer le premier désir que de satisfaire tous ceux qui suivent.* Le pauvre qui veut singer le riche est aussi fou que la grenouille qui s'enfle pour égaler le bœuf. *Grands vaisseaux peuvent risquer davantage ; petits bateaux doivent suivre le rivage.*

» Ces folies de l'orgueil sont bientôt punies ; car, comme dit le bonhomme

Richard, *l'orgueil qui dîne de vanité soupe de mépris. L'orgueil déjeune avec l'Abondance, dîne avec la Pauvreté et soupe avec la Honte.* Et, après tout, à quoi sert cet orgueil de paraître, pour lequel on risque tant, on souffre tant? Il ne peut donner la santé, ni adoucir la peine, il n'augmente pas notre mérite; il excite l'envie, il hâte la ruine.

VII

Danger des achats à crédit et des dettes. — Rapidité des échéances.

» Quelle folie de s'endetter pour ces superfluités? Aux termes de la vente, on nous offre six mois de crédit; peut-être cette offre a-t-elle engagé quelques-uns de nous à venir ici. On n'a pas d'argent comptant, mais on espère se faire beau sans rien débourser. Mais, en vous endettant, songez à ce que vous faites : vous donnez à autrui des droits sur votre liberté. Si vous ne pouvez payer à l'échéance, vous rougirez de voir votre créancier; vous ne lui parlerez qu'en tremblant; vous alléguerez les excuses les plus mauvaises, les plus pitoyables, les plus basses. Par degrés, vous en viendrez à perdre votre franchise, vous vous abaisserez jusqu'au mensonge; car *mentir est le second vice, le premier est de s'endetter*, comme dit le bonhomme Richard.[1] Et encore: *La Dette porte en croupe le Mensonge.* Un Anglais, citoyen d'un pays libre, ne devrait ni rougir ni craindre de voir ou d'affronter homme qui vive; mais souvent la pauvreté ôte tout courage et toute vertu. *Il est difficile qu'un sac vide se tienne debout.*

» Que penseriez-vous d'un prince ou d'un gouvernement qui rendrait un édit pour vous défendre de vous habiller comme des messieurs et des dames, et cela sous peine de prison ou de servitude? Ne diriez-vous pas que vous êtes libres, que vous avez le droit de vous habiller comme il vous plaît, qu'un pareil édit viole vos priviléges; qu'un pareil gouvernement est tyrannique? Et cependant, si vous vous endettez pour avoir ces habits, vous allez vous soumettre de vous-mêmes à cette tyrannie. Votre créancier aura le droit de vous priver de votre liberté, suivant son bon plaisir, en vous tenant en prison jusqu'à ce que vous soyez en état de le payer.

» Quand vous faites votre marché, peut-être ne vous inquiétez-vous guère du paiement; mais, comme dit le bonhomme Richard : *Les créanciers ont meilleure mémoire que les débiteurs; les créanciers sont une secte superstitieuse, grands observateurs des jours et des mois.* L'échéance arrive sans que vous y pensiez; la demande est faite avant que vous soyez prêt à y satisfaire; ou, si vous n'oubliez pas votre dette, l'échéance, qui d'abord semblait si éloignée, vous paraîtra, en se rapprochant, extrêmement courte. On dirait que le Temps a mis des ailes à ses talons comme à ses épaules. *Pour qui doit payer à Pâques, le carême est court.*

VIII

Jeunesse et prospérité ne durent pas longtemps.

» En ce moment peut-être vous croyez-vous en pleine prospérité; satisfaire une petite fantaisie vous semble sans danger; mais *soleil du matin ne dure pas tout le jour; tandis que vous le pouvez, épargnez pour l'heure de la vieillesse et du besoin.* Le gain est passager et incertain; mais, tant qu'on vit, la dépense est constante et certaine. *Il est plus aisé de bâtir deux cheminées que d'en chauffer une,* comme dit le bonhomme Richard; aussi, *couche-toi plutôt sans souper que de te lever endetté. Gagne ce que tu peux, garde bien ce que tu gagnes* (1) : *voilà la pierre philosophale qui changera ton plomb en or.* Et quand vous tiendrez cette pierre-là, vous ne vous plaindrez plus de la rigueur des temps, ni de la difficulté de payer les impôts.

(1) Que restera-t-il pour l'aumône, qui pourtant, dans certains cas, est une dette rigoureuse?
(*Note des Éditeurs.*)

IX

Il faut demander les bénédictions du Ciel, — secourir ceux à qui elles sont refusées, — écouter l'expérience, les bons conseils et la raison.

» Cette doctrine, mes amis, est celle de la raison et de la sagesse. Mais, après tout, ne vous fiez pas trop à votre travail, à votre économie, à votre prudence, quoique ce soient d'excellentes choses; car, sans la bénédiction du Ciel, tout cela peut avorter (1). Demandez donc humblement cette bénédiction; ne soyez point sans charité pour ceux a qui semble manquer

---

(1) Ce passage ne contredit en rien nos appréciations de la religiosité de Franklin. Un appel à la *bénédiction de Dieu*, recommandé d'une telle façon, est sans doute un des ingrédients omis par mégarde dans le remède contre la pauvreté ! Mais est-ce ainsi qu'une religion quelconque digne de ce nom nous rappelle à tous l'obligation, disons mieux, l'impérieuse nécessité de n'oublier jamais la main toute-puissante qui à son gré dispose du soleil, des pluies, de la force et du génie, des douleurs, de la santé et de la mort ! (*Note des Éditeurs.*)

cette faveur. Consolez-les, aidez-les. Rappelez-vous que Job fut misérable, et qu'ensuite il redevint heureux.

» Et maintenant pour conclure : *L'expérience fait payer cher ses leçons,* comme dit le bonhomme Richard ; *mais pour les insensés il n'est pas d'autre école ;* encore n'en profitent-ils pas toujours ; car *on peut donner un bon avis, mais on ne peut donner une bonne conduite.* Quoi qu'il en soit, rappelez-vous qu'*on ne peut secourir celui qui ne veut pas qu'on le conseille.* Et encore : *Si tu ne veux pas écouter la raison, elle te donnera sur les doigts,* comme dit le bonhomme Richard. »

C'est ainsi que le vieil Abraham finit sa harangue. On l'écouta, on l'approuva, et l'on fit aussitôt le contraire, comme si l'on sortait du sermon ordinaire (1). Dès

(1) Franklin semble ici reconnaître que la publication de sa recette pour être heureux a peu de chances de rencontrer des amateurs. Mais il a trouvé d'avance une consolation à cet échec. Laquelle donc ? C'est que les *sermons ordinaires* sont tout autant dédaignés. Faut-il

que la vente commença, on acheta follement.

Je vis que le Bonhomme avait étudié à fond mes almanachs, et qu'il avait rassemblé tout ce que j'avais semé durant le cours de vingt-cinq années. La répétition continuelle de mon nom aurait fatigué toute autre personne, mais ma vanité en fut merveilleusement chatouillée, quoique je susse parfaitement que de toute cette sagesse qu'il m'attribuait, la dixième partie ne m'appartenait point : j'avais glané ces maximes de bon sens chez toutes les nations et dans tous les siècles.

Néanmoins, je résolus de faire mon profit de cet écho du bon sens ; j'étais venu, décidé à m'acheter du drap pour me faire un habit neuf ; je m'en allai ré-

beaucoup presser cette logique pour en déduire que rien n'influe sur l'homme, pas plus la religion que le bon sens ; que sa tête et son cœur, incapables de craindre ou d'espérer quoi que ce soit du ciel ou de la terre, font de sa triste personne un être délaissé et atteint d'une folie incurable. (*Note des Éditeurs.*)

solu de porter mon vieil habit un peu plus longtemps.

Lecteur, si tu veux en faire autant, ton profit sera aussi grand que le mien.

Je suis, comme toujours, tout à toi, pour te servir.

RICHARD SAUNDERS.

CONSEILS POUR FAIRE FORTUNE

I

Avis d'un vieil ouvrier à un jeune ouvrier.

Nous venons de voir que, selon Franklin, les éléments du bonheur, les principes de toute morale usuelle, les secrets du grand art de la vie, se trouvent dans le travail soutenu, l'économie réfléchie, le dédain du superflu, et dans la jouissance pas trop forte des joies même les plus naturelles et les plus légitimes du foyer domestique. Sous toutes les formes, pendant vingt-cinq ans, et son journal, et ses almanachs, et la foule de ses petits traités, et ses lettres, ont répété, expliqué ces maximes, qu'il débitait à toute occasion et à tout venant.

Mais, en 1748, il les résumait lui-même pour un jeune ouvrier. Cet abrégé vaut mieux pour les lecteurs qu'une analyse fidèle écrite par n'importe qui. Le voici tout entier.

Souvenez-vous que le *temps est de l'argent.*

Celui qui, par son travail, peut gagner dix francs par jour, et qu'il se promène ou reste oisif une moitié de la journée, quoiqu'il ne débourse que quinze sous pendant ce temps de promenade ou de repos, ne doit pas se borner à faire compte de ce déboursé seulement : il a réellement dépensé, disons mieux, il a jeté cinq francs de plus.

Souvenez-vous que le *crédit est de l'argent* (1).

Si un homme me laisse son argent dans les mains après l'échéance de ma dette, il m'en donne l'intérêt, ou tout le produit que je puis en tirer pendant le temps qu'il

---

(1) Le bon crédit ! Voir plus haut (p. 33) ce qui est dit du mauvais crédit.

me le laisse. Le bénéfice monte à une somme considérable pour un homme qui a un crédit étendu et solide et qui en fait un bon usage.

Souvenez-vous que *l'argent est de nature à se multiplier par lui-même.*
L'argent peut engendrer l'argent ; les petits qu'il a faits en font d'autres plus facilement encore, et ainsi de suite. Cinq francs employés en valent six ; employés encore, ils en valent sept et vingt, et proportionnellement ainsi jusqu'à cent louis (1). Plus les placements se multiplient, plus ils se grossissent ; et c'est de plus en plus vite que naissent les profits. Celui qui tue une truie pleine, en anéantit toute la descendance jusqu'à la millième génération. Celui qui engloutit un écu, détruit tout ce que cet écu pouvait produire, et jusqu'à des centaines de francs.

Souvenez-vous qu'une somme de cinquante écus par an peut s'amasser, en

(1) 2400 francs.

n'épargnant guère plus de huit sous par jour.

Moyennant cette faible somme, que l'on prodigue journellement sur son temps ou sur sa dépense, sans s'en apercevoir, un homme, avec du crédit, a, sur sa seule garantie, la possession constante et la jouissance de mille écus à cinq pour cent. Ce capital, mis activement en œuvre par un homme industrieux, produit un grand avantage.

Souvenez-vous du proverbe : *Le bon payeur est le maître de la bourse des autres.*
Celui qui est connu pour payer avec ponctualité et exactitude à l'échéance promise, peut, en tout temps, en toute occasion, jouir de tout l'argent dont ses amis peuvent disposer ; ressource parfois très utile. Après le travail et l'économie, rien ne contribue plus au succès d'un jeune homme dans le monde que la ponctualité et la justice dans toute affaire : c'est pourquoi, lorsque vous avez emprunté de l'argent, ne le gardez jamais

une heure au-delà du terme où vous avez promis de le rendre, de peur qu'une inexactitude ne vous ferme pour toujours la bourse de votre ami.

Les moindres actions sont à observer en fait de crédit. Le bruit de votre marteau, qui, à cinq heures du matin, ou à neuf heures du soir, frappe l'oreille de votre créancier, le rend facile pour six mois de plus : mais s'il vous voit à un billard, s'il entend votre voix au cabaret, lorsque vous devez être à l'ouvrage, il envoie pour son argent dès le lendemain, et le demande avant de le pouvoir toucher tout à la fois. C'est par ces détails que vous montrez si vos obligations sont présentes à votre pensée : c'est par là que vous acquérez la réputation d'un homme d'ordre, aussi bien que d'un honnête homme, et que vous augmentez encore votre crédit.

Gardez-vous de tomber dans l'erreur de plusieurs de ceux qui ont du crédit, c'est-à-dire de regarder comme à vous tout ce que vous possédez, et de vivre en conséquence. Pour prévenir ce faux calcul, tenez à mesure un compte exact tant de votre dépense que de votre recette. Si vous prenez d'abord la peine de mentionner jusqu'aux moindres détails, vous en éprouverez de bons effets ; vous découvrirez avec quelle étonnante rapidité une addition de menues dépenses monte à une somme considérable, et vous reconnaîtrez combien vous auriez pu économiser par le passé, combien vous pouvez économiser pour l'avenir, sans vous occasionner une grande gêne.

Enfin, le chemin de la fortune sera, si vous le voulez, aussi uni que celui du marché. Tout dépend surtout de deux mots : *travail* et *économie ;* c'est-à-dire qu'il ne faut dissiper ni le *temps* ni *l'argent,* mais faire de tous deux le meilleur usage qu'il est possible. Sans travail et sans économie, vous ne ferez rien ; avec eux, vous ferez tout. Celui qui gagne tout ce qu'il peut gagner honnêtement, et qui épargne tout ce qu'il gagne, sauf les dépenses nécessaires, ne peut manquer de devenir *riche*, si toutefois cet Être qui gouverne le monde, et vers lequel tous doivent lever les yeux pour obtenir la bénédiction de leurs honnêtes efforts, n'en a pas dans la sagesse de sa providence décidé autrement.

II

Avis nécessaires à ceux qui veulent être riches.

La possession de l'argent n'est avantageuse que par l'usage qu'on en fait.

Avec six louis par an, vous pouvez avoir l'usage d'un capital de cent louis, pourvu que vous soyez d'une prudence et d'une honnêteté reconnues.

Celui qui fait par jour une dépense inutile de huit sous (1), dépense inutilement plus de six louis par an (2) ce qui est le prix que coûte l'usage d'un capital de cent louis (3).

(1) 40 centimes. — (2) 144 francs. — (3) 2400 fr.

Celui qui perd chaque jour dans l'oisiveté pour huit sous de son temps, perd l'avantage de se servir d'une somme de cent louis tous les jours de l'année.

Celui qui prodigue, sans fruit, pour cinq francs de son temps, perd cinq francs tout aussi sagement que s'il les jetait dans la mer.

Celui qui perd cinq francs, perd non-seulement ces cinq francs, mais tous les profits qu'il en aurait encore pu retirer en les faisant travailler, ce qui, dans l'espace de temps qui s'écoule entre la jeunesse et l'âge avancé, peut monter à une somme considérable.

III

Autre avis sur la manière d'acheter économiquement.

Celui qui vend à crédit demande de l'objet qu'il vend un prix équivalent au principal et à l'intérêt de son argent, pour le temps pendant lequel il doit en rester privé ; celui qui achète à crédit paye donc un intérêt pour ce qu'il achète, et celui qui paye en argent comptant pourrait placer cet argent à intérêt ; ainsi, celui qui possède une chose qu'il a achetée paye un intérêt pour l'usage qu'il en fait.

Toutefois, dans ses achats, il est mieux de payer comptant, parce que celui qui vend à crédit, s'attendant à perdre cinq pour cent en mauvaises créances, augmente d'autant le prix de ce qu'il vend à crédit pour se couvrir de cette différence.

Celui qui achète à crédit paye sa part de cette augmentation. Celui qui paye argent comptant y échappe, ou peut y échapper.

IV

Moyens d'avoir toujours de l'argent dans sa poche.

Dans ce temps, où l'on se plaint généralement que l'argent est rare, ce sera faire acte de bonté que d'indiquer aux personnes qui sont à court d'argent le moyen de pouvoir mieux garnir leurs poches. Je veux leur enseigner le véritable secret de gagner de l'argent, la méthode infaillible pour remplir les bourses vides, et la manière de les garder toujours pleines.

Deux simples règles, bien observées, en feront l'affaire.

Voici la première : *Que la probité et le travail soient vos compagnons assidus;*

Et la seconde : *Dépensez un sou de moins par jour que votre bénéfice net.*

Par là votre poche si plate commencera bientôt à s'enfler, et n'aura plus à crier jamais que son ventre est vide; vous ne serez pas maltraité par des créanciers, pressé par la misère, rongé par la faim, glacé par la nudité; le ciel brillera pour vous d'un éclat plus vif, et le plaisir fera battre votre cœur.

Hâtez-vous donc d'embrasser ces règles et d'être heureux. Ecartez loin de votre esprit le souffle glacé du chagrin et vivez indépendant. Alors vous serez un homme, et vous ne cacherez point votre visage à l'approche du riche; vous n'éprouverez point de déplaisir de vous sentir petit lorsque les fils de la fortune marcheront à votre droite : car l'indépendance, avec peu ou beaucoup, est un sort heureux, et vous place de niveau avec les plus fiers de ceux que décorent les ordres et les rubans. Oh! soyez donc sages ; que le travail marche avec vous dès le matin ; qu'il vous accompagne jusqu'au moment où le soir vous amènera l'heure du sommeil. Que la probité soit l'âme de votre âme, et n'oubliez jamais de conserver un sou de reste, après toutes vos dépenses comptées et payées ; alors vous aurez atteint le comble du bonheur, et l'indépendance sera votre cuirasse et votre bouclier, votre casque et votre couronne; alors vous marcherez tête levée — sans vous courber devant des habits de soie, parce qu'ils seront portés par un misérable qui aura des richesses, — sans accepter un affront, parce que la main qui vous l'offrira étincellera de diamants.

V

Le sifflet, ou les dépenses inutiles.

A mon avis, il serait très possible pour nous de tirer de ce bas monde beaucoup plus de bien, et d'y souffrir moins de mal, si nous voulions seulement prendre garde de *ne donner pas trop pour nos sifflets*. Car il me semble que la plupart des malheureux qu'on trouve dans le monde sont devenus tels par leur négligence de cette précaution.

Vous demandez ce que je veux dire? Vous aimez les histoires, et vous m'excuserez si je vous en donne une qui me regarde moi-même.

Quand j'étais un enfant de cinq ou six ans, mes amis, un jour de fête, remplirent ma petite poche de sous. J'allai tout de suite à une boutique où l'on vendait des babioles; mais étant charmé du son d'un sifflet, que je rencontrai en chemin dans les mains d'un autre petit garçon, je lui offris et lui donnai volontiers pour cela tout mon argent. Revenu chez moi, sifflant par toute la maison, fort content de mon achat, mais fatiguant les oreilles de toute la famille, mes frères, mes sœurs, mes cousines, apprenant que j'avais tant donné pour ce mauvais bruit, me dirent que c'était dix fois plus que la valeur. Alors ils me firent penser au nombre de bonnes choses que j'aurais pu acheter avec le reste de ma monnaie, si j'avais été plus prudent : ils me ridiculisèrent tant de ma folie, que j'en pleurai de dépit, et la réflexion me donna plus de chagrin que le sifflet de plaisir.

Cet accident fut cependant, dans la suite, de quelque utilité pour moi, l'impression restant sur mon âme ; de sorte que, lorsque j'étais tenté d'acheter quelque chose qui ne m'était pas nécessaire, je disais en moi-même : *Ne donnons pas trop pour le sifflet*, et j'épargnais mon argent.

Devenant grand garçon, entrant dans

le monde et observant les actions des hommes, je vis que je rencontrais nombre de gens qui *donnaient trop pour le sifflet.*

Quand j'ai vu quelqu'un qui, ambitieux de la faveur de la cour, consumait son temps en assiduités aux levers, son repos, sa liberté, sa vertu, et peut-être même ses vrais amis, pour obtenir quelque petite distinction, j'ai dit en moi-même : Cet homme *donne trop pour son sifflet.*

Quand j'en ai vu un autre, avide de se rendre populaire, et pour cela s'occupant toujours de contestations publiques, négligeant ses affaires particulières, et les ruinant par cette négligence : *Il paye trop,* ai-je dit, *pour son sifflet.*

Si j'ai connu un avare qui renonçait à toute manière de vivre commodément, à tout le plaisir de faire du bien aux autres, à toute l'estime de ses compatriotes et à tous les charmes de l'amitié, pour avoir un morceau de métal jaune : Pauvre homme, disais-je, *vous donnez trop pour votre sifflet.*

Quand j'ai rencontré un homme de plaisir sacrifiant tout louable perfectionnement de son âme et toute amélioration de son état aux voluptés du sens purement corporel, et détruisant sa santé dans leur poursuite : Homme trompé, ai-je dit, vous vous procurez des peines au lieu des plaisirs ; *vous payez trop pour votre sifflet.*

Si j'en ai vu un autre, entêté de beaux habillements, belles maisons, beaux meubles, beaux équipages, tous au-dessus de sa fortune, qu'il ne se procurait qu'en faisant des dettes et en allant finir sa carrière dans une prison : Hélas ! ai-je dit, *il a trop payé pour son sifflet.*

Enfin, j'ai conçu que la plus grande partie des malheurs de l'espèce humaine viennent des estimations fausses qu'on fait de la valeur des choses, de ce qu'*on donne trop pour les sifflets.*

Néanmoins, je sens que je dois avoir de la charité pour ces gens malheureux, quand je considère qu'avec toute la sagesse dont je me vante, il y a certaines choses, dans ce bas-monde, si tentantes, que, si elles étaient mises à l'enchère, je pourrais être très facilement porté à me ruiner par leur achat, et trouver que j'aurais encore une fois *donné trop pour le sifflet.*

VI

Conseil général.

Si quelqu'un vous dit que vous pouvez vous enrichir autrement que par le travail et l'économie (1),

— Ne l'écoutez pas ; — c'est un imposteur !

Eh bien ! est-ce méconnaître et calomnier cette morale que de la nommer le

---

(1) Par Travail, il faut entendre toutes les branches de l'activité humaine ; par Économie, l'épargne et la formation du Capital. — L'assertion de Franklin n'exclut pas la légitimité des héritages, résultat du travail et de l'économie des générations antérieures.

manuel honnête de l'égoïsme? L'homme dont toutes les aspirations se dirigent vers *l'argent,* ne devient-il pas à son insu indifférent à son semblable? Quelle place reste-t-il pour la charité chez le riche, et pour la patience chez le pauvre? Charité et patience réciproques, double facteur de la prospérité d'un peuple, sans lesquelles toutes les leçons d'économie sociale ne sont que phrases vides.

Où se trouvera une étincelle de cet amour du prochain qui va jusqu'au sacrifice, et en l'absence duquel la société n'est pas viable, pas même la famille?

Remarquons qu'ici la vie de Franklin n'est point en cause. L'illustre Américain valait mieux que ses principes; ses actes contredisaient ses dangereuses théories, et voilà tout. Cette objection serait nulle.

Le fait est donc que si la richesse est ici-bas le bien suprême, l'homme, pour l'obtenir, n'aura qu'à ne jamais perdre de vue la limite du Code pénal ; pauvre, il rongera son frein en silence jusqu'à l'heure des révolutions, où, le fer et le feu à la main, il égorgera ceux qui légitimement ou non détiennent son argent. Sur cent pauvres combien en avez-vous compté se reconnaissant seuls auteurs de leur misère ? *(Note des Editeurs.)*

EXTRAITS

DU

TESTAMENT DE BENJAMIN FRANKLIN.

... Je suis né à Boston, et je dois mes premières instructions littéraires aux écoles gratuites de grammaire qui y sont établies. En conséquence, je donne à mes exécuteurs testamentaires cent livres sterling, qui seront par eux, ou par le survivant d'eux, payées aux supérieurs ou directeurs des écoles gratuites de ma ville natale de Boston, pour être par eux, ou par quiconque aura le gouvernement ou la direction desdites écoles, placées à intérêt perpétuel, afin que le produit en soit employé à acheter des médailles d'argent destinées à être distribuées par les directeurs, à titre de récompenses honorifiques, parmi leurs écoliers, de la manière qui sera jugée convenable par les notables de la ville

... Pendant que j'ai été dans les affaires comme papetier, imprimeur et maître des postes, une grande quantité de petites sommes me sont restées dues pour impressions, vente de livres et de papier, ports de lettres et autres objets; je n'en avais pas fait le recouvrement, lorsqu'en 1757 je fus envoyé par l'Assemblée de Pensylvanie, comme son agent, en Angleterre, où des ordres subséquents me retinrent jusqu'en 1775; à mon retour, à cette époque, je me trouvai sur-le-champ occupé par les affaires du Congrès, puis, en 1776, je fus envoyé en France, où je restai neuf ans, n'en étant revenu qu'en 1785; et lesdites créances, n'ayant pas été réclamées par moi pendant ce long espace de temps, sont devenues comme prescrites, tout en me restant, néanmoins, dues légitimement. Elles sont portées dans mon grand livre de comptes E. Je donne et lègue ces créances à l'hôpital de Pensylvanie, espérant que ceux de mes débiteurs, ou de leurs héritiers, qui pourraient maintenant faire quelques difficultés pour acquitter, comme légalement exigibles, des dettes si anciennes, se détermineront à les payer, à titre de charité, pour cet excellent établissement. Je sais que beaucoup de ces recouvrements seront impossibles, mais j'espère qu'on parviendra encore à toucher une somme assez considérable. Il est possible aussi que quelques personnes, portées comme mes débitrices, aient, de leur côté, d'anciennes répétitions à exercer contre moi ; dans ce cas, les administrateurs dudit hôpital feront toutes les déductions convenables, et payeront même la différence, si elle setrouve contre moi, etc.

J'ai remarqué que, parmi les artisans, les bons apprentis deviennent ordinairement de bons citoyens; j'ai moi-même fait l'apprentissage d'un métier, de l'imprimerie, dans ma ville natale, et, ensuite, à l'aide de prêts qui m'ont été faits par deux bons amis, je me suis établi à Philadelphie, ce qui a été le fondement de ma fortune et de tout ce que ma vie a pu avoir d'utilité. Je désire faire du bien, même après ma mort, s'il est possible, en contribuant à l'instruction et à l'avancement d'autres jeunes gens qui puissent rendre service à leur pays dans ces deux villes; je consacre, pour cet objet, deux mille livres sterling, dont je donne une moitié aux habitants de Boston (Etat de Massachusetts), et l'autre moitié à ceux de Philadelphie, pour l'usage et dans le but dont je vais parler.

Si les habitants de Boston acceptent ladite somme de mille livres, elle sera administrée par des citoyens de leur choix, réunis aux ministres des plus anciennes églises, épiscopale, congrégationnaire et presbytérienne de la ville, lesquels la prêteront, à cinq pour cent d'intérêt par an, à de jeunes artisans mariés, au-dessous de vingt-cinq ans, qui auront fait leur apprentissage dans ladite ville, et qui auront rempli leurs devoirs, et satisfait aux obligations de leur brevet d'apprentissage, de manière à obtenir un cer-

tificat de bonnes mœurs, signé au moins
le deux citoyens respectables ; il faudra
le plus que ces deux citoyens consentent à se porter cautions pour le remboursement aux échéances et pour le paiement
des intérêts. Tous les billets seront souscrits en dollars d'Espagne, ou en monnaie d'or courante ; et les administrateurs
tiendront un ou plusieurs livres sur lesquels seront enregistrés les noms de ceux
qui demanderont et qui recevront un emprunt, les noms de leurs cautions, le montant des sommes prêtées, les dates, et
tous les autres renseignements nécessaires pour la régularité et pour la sûreté des
opérations. Ce fonds étant destiné à aider,
dans leur établissement, de jeunes ouvriers mariés, les prêts seront proportionnés à leurs besoins, d'après l'évaluation
des administrateurs, et de manière à ne
jamais excéder soixante livres par personne, ni être au-dessous de quinze livres. Si le nombre des postulants, réunissant les conditions requises, est trop considérable pour permettre de donner à cha-

cun la somme qu'il pourrait être convenable de lui accorder, on diminuera la proportion de manière à ce que chacun puisse recevoir quelque assistance.

Ces secours seront d'abord peu de chose: mais, comme le capital s'accroîtra par l'accumulation des intérêts, ils finiront par devenir plus considérables. Pour pouvoir servir tour à tour le plus grand nombre possible de jeunes gens, et pour faciliter les remboursements, chaque emprunteur s'obligera de payer, avec les intérêts annuels, un vingtième du principal, ce qui formera tous les ans un fonds pour de nouveaux prêts.

Comme il est à présumer qu'il se trouvera toujours à Boston des citoyens vertueux et bienfaisants, disposés à consacrer une partie de leur temps au bien-être de la génération qui s'élève, en se chargeant de surveiller et d'administrer gratuitement cette institution, on peut espérer qu'aucune partie de cette somme ne restera longtemps oisive, ou ne sera détournée pour d'autres usages, mais qu'au contraire elle s'augmentera continuellement par les intérêts.

En réfléchissant sur les accidents auxquels les affaires et les projets des hommes sont exposés pendant un si long espace de temps, je pense que, peut-être, je me suis trop flatté lorsque j'ai imaginé que ces dispositions, si l'exécution en est entreprise, se continueront sans interruption, et produiront les effets que j'en attends. J'espère, néanmoins, que, si les habitants de ces deux villes ne jugent pas convenable de leur donner suite, ils regarderont du moins l'offre de cette donation comme une marque de ma bonne volonté, une preuve de ma gratitude, et un témoignage de mon extrême désir de leur être utile, même après ma mort. Je souhaite vivement que toutes deux essayent de réaliser mon projet, parce que je pense que, s'il s'élève des difficultés imprévues on pourra trouver des expédients pour les surmonter, et qu'on reconnaîtra le plan comme praticable. Si l'une des deux villes accepte le legs avec les conditions que j'y attache, et que l'autre le refuse, ma volonté est que la somme totale de deux mille livres soit payée à celle des deux qui acceptera, pour recevoir la destination et être administrée de la manière indiquée précédemment pour chacune des deux moitiés. Si toutes deux refusent, alors la somme rentrera dans la masse de ma succession, et la disposition en sera réglée par mon testament du 17 juillet 1788.

..... Je désire être enterré à côté de ma femme, s'il est possible, et que le lieu de notre sépulture soit couvert d'un marbre taillé par Chambers, de six pieds de long sur quatre de large, sans autre ornement qu'une petite moulure tout autour, avec cette inscription :

BENJAMIN
et } FRANKLIN.
DÉBORA

17...

Philadelphie, 23 juin 1789.

. . . .

Je donne ma belle canne de pommier sauvage, surmontée d'une pomme d'or curieusement travaillée en bonnet de liberté, à mon ami, à l'ami du genre humain, le général Washington. Si c'était un sceptre, elle serait digne de lui, et bien placée dans sa main. C'était un présent que m'a fait une excellente dame, madame de Forbach, duchesse douairière de Deux-Ponts (1). Quelques vers qui y sont relatifs doivent l'accompagner.

Philadelphie, 23 juin 1789.

(1) Les deux fils de la duchesse de Deux-Ponts avaient combattu, sous les ordres de La Fayette, pour l'indépendance des États-Unis.

FIN

TABLE.

—

Introduction.	v
Notice sur Benjamin Franklin.	13
La Science du Bonhomme Richard ou le Chemin de la Fortune.	26
Conseils pour faire Fortune.	45
Extraits du Testament de Franklin.	63

FIN DE LA TABLE

www.ingramcontent.com/pod-product-compliance
Lightning Source LLC
LaVergne TN
LVHW020958090426
835512LV00009B/1953